Inhalt

Mitarbeitervielfalt - Diversity-Management lässt Ideen sprudeln und spart Kosten

Kernthesen

Beitrag

Fallbeispiele

Weiterführende Literatur

Impressum

GENIOS WirtschaftsWissen Nr. 10 vom 25.10.2013

Mitarbeitervielfalt - Diversity-Management lässt Ideen sprudeln und spart Kosten

Robert Reuter

Kernthesen

- Heterogene Belegschaften arbeiten erfolgreicher als solche Teams, die aus Mitarbeitern mit vergleichbaren Lebensläufen oder mit gleicher Herkunft bestehen.
- Diversity-Management bedeutet, diese Vielfalt zu fördern und für ein gutes Miteinander zu sorgen.
- Die Kenntnisse von Migranten können insbesondere für den Export sehr wertvoll sein.
- Für die Arbeit in Teams mit Menschen ganz

unterschiedlicher Herkunft sind spezielle Kompetenzen notwendig.

Beitrag

Diversity hilft Kosten sparen

Die Steigerung der Mitarbeitervielfalt kann sich laut einer neueren Studie für die Unternehmen in barer Münze auszahlen. So hat die Unternehmensberatung Roland Berger ermittelt, dass deutsche Großkonzerne durch systematische Investitionen in Diversity und Inclusion (womit die Einbeziehung fremder Kulturen gemeint ist) rund 21 Milliarden Euro einsparen können. Zugrunde liegt dem Ergebnis die Erkenntnis, dass Gruppen von Menschen mit unterschiedlichem Bildungshintergrund, unterschiedlicher Herkunft und verschiedener Nationalität oft zu besseren Ergebnissen kommen als das homogene Team, das aus Mitarbeitern mit ähnlichen Lebensläufen besteht.

In deutschen Unternehmen spielt Diversity eine zunehmend wichtig Rolle, beschränkt sich aber meist auf Einzelmaßnahmen wie etwa die Förderung der Beschäftigung von Frauen oder die gezielte Suche nach talentierten Köpfen außerhalb der eigenen Region. Verfechter der Idee sehen Diversity jedoch nicht nur als Maßnahme, sondern als einen wichtigen Bestandteil der Unternehmenskultur. Ein strategisches Diversity-Management, das alle Faktoren wie Kultur, Religion, Alter oder den Lebensstil einbezieht, steht damit vielerorts noch aus. Der bevorstehende Fachkräftemangel wird nach Ansicht der Experten allerdings schon bald dafür sorgen, dass Diversity-Management zum Grundbestandteil jeder Personalarbeit wird. (1)

Stärkung der Nachahmungsresistenz

Die Förderung von Mitarbeitervielfalt ist damit zum einen ein Instrument, um die Besetzung von Stellen zu sichern. Zum anderen sind heterogene Teams besser in der Lage, zu unkonventionellen Problemlösungen zu kommen, die von den Wettbewerbern kaum imitiert werden können. Hieraus resultiert der strategische Vorteil der Nachahmungsresistenz, die sich insbesondere darauf gründet, dass menschliche Vielfalt solideres Wissen produziert als monochrome Teams. Gleichzeitig ist es jedoch nicht so, dass Homogenität in der Gruppe automatisch zu schlechteren Ergebnissen führt. Die Experten sehen die Aufgabe des Diversity-Managers darum darin, genau zu klären, wo Diversity zu optimalen Lösungen führt und wo die homogene

Gruppe erfolgreicher ist. Zum Selbstzweck darf die stärkere Durchmischung jedenfalls nicht werden. So haben Forschungsprojekte gezeigt, dass beispielsweise die Mischung von Jung und Alt nur zum Erfolg führte, wenn die Beiträge der jeweiligen Altersgruppe auch tatsächlich gebraucht wurden. (1), (3)

Das Wissen der Älteren sichern

Zur Förderung von Mitarbeitervielfalt gehört auch das Bestreben, sich nicht dem Jugendwahn zu ergeben und stattdessen ältere Mitarbeiter im Unternehmen zu halten. Diese verfügen oft über ein in vielen Jahren gesammeltes Wissen, das nicht leichtfertig weggegeben werden sollte. In den Unternehmen kann dieser Wissenstransfer auch auf die Weise geschehen, dass die jüngeren Kollegen Schulungen besuchen, in denen die Altvorderen von ihren Erfahrungen berichten. Anders herum können sich die älteren Kollegen vom Nachwuchs in fachlicher Hinsicht auf den neuesten Stand bringen lassen, insbesondere, wenn das Wissen frisch von der Universität kommt.

Ganz konkret kann auch der Nutzen von Menschen mit Migrationshintergrund für das Unternehmen sein. Die Firmen machen die Erfahrung, dass die Beschäftigung von Mitarbeitern aus solchen Ländern, in die die Ausfuhren gehen, für den richtigen

Umgang mit der fremden Kultur sehr wichtig sein kann und so den Marktzugang erleichtert. (1), (2)

Interkulturelle Teams brauchen Anleitung

Wenn die Mischung der Belegschaft aus Menschen unterschiedlicher kultureller Herkunft bestehen soll, ist die Zusammenarbeit nicht immer ein Selbstläufer. Für den Umgang mit den Kollegen aus anderen Kulturkreisen sind oft spezielle Kompetenzen nötig, über die aber nicht jeder verfügt. Am leichtesten lässt sich die Zusammenarbeit mit nicht-deutschen Kollegen üben, wenn die Mitarbeiter das betreffende Land selbst kennenlernen können. Da dies oft nicht möglich ist, bleibt es eine Aufgabe des Diversity-Managements, den interkulturellen Ausgleich durch entsprechende Schulungen zu fördern. Diese dürfen sich jedoch nicht ausschließlich auf institutionelle Rahmenbedingungen anderer Länder beziehen, sondern müssen ganz konkret die Verhaltensweisen der Menschen in diesem Kulturraum nahe bringen können. Hierfür gibt es bereits eine Fülle von Ratgebern, die allerdings meist nur die "gängigen" Länder wie Japan, China, die USA oder Frankreich behandeln. Weniger Wissen liegt über solche Länder vor, mit denen nur schwächere Wirtschaftsbeziehungen bestehen.

Auch die Verteilung von Migranten hat Einfluss darauf, wie viel Wissen über eine fremde Kultur in einem Unternehmen gesammelt werden kann. So ist es beispielsweise leicht, hierzulande etwas über türkische Gepflogenheiten zu erfahren, während man - trotz der geografischen Nähe - in Deutschland eher wenig über die Mentalität auf der iberischen Halbinsel weiß. Für das internationale Personalmanagement und die Förderung von Diversity existiert darum die so genannte Kulturstandardmethode. Sie stellt ein Instrumentarium zur Verfügung, dass das Erfahrungswissen von Mitarbeitern für eine effektive interkulturelle Zusammenarbeit nutzbar macht. (4)

Trends

Diversity soll messbar werden

In unserem Nachbarland Schweiz ist ein Diversity-Index ins Leben gerufen worden, der die vorhandene Vielfalt im Unternehmen messbar machen soll. Der Index beschränkt sich nicht auf die Erfassung der Geschlechterverteilung, sondern erhebt Daten beispielsweise zu Integrationsprogrammen, über religiöse Gepflogenheiten und die sexuelle Orientierung bis hin zum Gesundheitsmanagement.

(5)

Fallbeispiele

SAP sellt Autisten ein

Der Software-Konzern SAP setzt bei der Förderung von Diversity ein besonders deutliches Zeichen. Das Unternehmen hat verkündet, in den kommenden sieben Jahren 650 Autisten einstellen zu wollen, die damit einem Belegschaftsanteil von einem Prozent entsprechen würden. An Autismus leidet etwa ein Prozent der Weltbevölkerung, eine Variante der Krankheit ist der Asperger-Autismus. Die Erkrankten haben keine Sprachstörungen, entwickeln sich jedoch meist zu Eigenbrötlern und sind dabei in der Lage, sehr präzise und genau zu arbeiten. Trotzdem ist die Mehrheit der am Asperger-Syndrom erkrankten Menschen arbeitslos. Nicht nur SAP, auch viele andere internationale Konzerne suchen gezielt nach Autisten - sowohl wegen ihrer oft einzigartigen Talente als auch zur Förderung von Diversity. (6)

Frauen in Führungspositionen

Das Hauptthema für Diversity-Bestrebungen ist

derzeit immer noch die Herstellung von Gendergerechtigkeit. Etliche Studien belegen, dass Unternehmen erfolgreicher agieren, wenn sie auf die Kompetenz von Männern und Frauen setzen. Zugleich mehren sich jedoch die Stimmen, die davor warnen, die stärkere Berücksichtigung von Frauen automatisch mit größerem Geschäftserfolg gleichzusetzen. So gibt es etliche Beispiele aus Unternehmen, in denen die bewusste Förderung von Geschlechterheterogenität negative Folgen hatte. (7)

Daimler will internationaler werden

Die Zahl der Ausländer in deutschen Vorstandsetagen ist in den letzten Jahren stark angewachsen. Nur noch in sieben Dax-Firmen sitzen ausschließlich Vorstände mit deutschem Pass. Hierzu zählen Thyssen-Krupp, Lufthansa und Daimler. Zumindest beim Stuttgarter Automobilkonzern soll sich dies jedoch ändern. Hierfür soll die Hälfte der Teilnehmer am Nachwuchsprogramm "CAReer" künftig aus Ländern außerhalb Deutschlands kommen. Der Frauenanteil soll 35 Prozent betragen. Daimler-Benz erhofft sich von seinen Bemühungen um Diversity, bis 2020 die Spitzenposition unter den Premium-Automobilherstellern zurückzuerobern. (8)

Weiterführende Literatur

(1) Vielfältige Potentiale
aus Markt und Mittelstand vom 04.10.2013, Nr. 10, S. 22

(2) Leitfaden für mehr Vielfalt
aus "Medianet" Nr. 1696/2013 vom 27.09.2013 Seite 75

(3) Vielfalt als Erfolgsfaktor
aus Markt und Mittelstand vom 06.09.2013, Nr. 9, S. 10

(4) Kulturstandardmethode: Interkulturelles Wissen verschafft einen Wettbewerbsvorteil
aus PERSONALquarterly Nr. 04 vom 23.09.2013 Seiten 31 - 35

(5) Tendenzen im Diversity-Management
aus NZZ am Sonntag 06.10.2013, Nr. 40, S. 112

(6) Diversity-Management
aus CIO - IT-Strategie für Manager, Meldung vom 02.10.2013

(7) Erfolgsfaktor Frau
aus Markt und Mittelstand vom 04.10.2013, Nr. 10, S. 26

(8) Daimler will mehr ausländische Topmanager
aus FAZ.NET, 04.03.2013

Impressum

Mitarbeitervielfalt - Diversity-Management lässt Ideen sprudeln und spart Kosten

Bibliografische Information der deutschen Nationalbibliothek

Die Deutsche Nationalbibliothek verzeichnet diese Publikation in der deutschen Nationalbibliografie; detaillierte bibliografische Daten sind im Internet über http://dnb.d-nb.de abrufbar.

ISBN: 978-3-7379-0992-1

© 2015 GBI-Genios Deutsche Wirtschaftsdatenbank GmbH, Freischützstraße 96, 81927 München, www.genios.de

Alle Rechte vorbehalten. Dieses Werk ist einschließlich aller seiner Teile – z.B. Texte, Tabellen und Grafiken - urheberrechtlich geschützt. Jede Verwertung außerhalb der Grenzen des Urheberrechtsgesetzes bedarf der vorherigen Zustimmung des Verlags. Dies gilt insbesondere auch für auszugsweise Nachdrucke, fotomechanische Vervielfältigungen (Fotokopie/Mikroskopie), Übersetzungen, Auswertungen durch Datenbanken oder ähnliche Einrichtungen und die Einspeicherung und Verarbeitung in elektronischen Systemen.